자연이 자연으로 있기 위해

채인선 글 | 김동성 그림

뜨인돌어린이

산에서 온 사나이

삼나무가 빽빽이 둘러싼 어느 울창한 숲에 며칠 동안 굉음이 울려 댔다. 산을 휘감는 계곡을 따라 삼나무 숲 깊숙이 길을 내는 공사였다. 한시도 멈추지 않는 굉음은 가을걷이를 끝낸 시골 마을의 평온을 깨트리면서 불안감마저 자아냈다. 공사 안내문에는 친절하게도 환경영향평가와 주민 동의를 얻었다고 적혀 있지만 그것을 믿는 사람은 아무도 없었다. 도리어 지역의 환경단체와 마을 이장에게 의구심마저 들게 했다.

급기야 첫서리가 내린 날, 환경운동가인 김환경이 어린 딸 풀잎을 데리고 현장 사무실을 찾았다. 현장감독과 공사 허가를 내준 군수에게 이를 항의하기 위해서였다. 힘을 보태기 위해 마을 이장도 자리를 함께 했다.

"이 숲은 건드리지 않는다고 하지 않았습니까? 주민들에게는

그리 말해 놓고 마구 공사하면 어떡합니까?"

김환경이 목소리를 높일 때 똑똑 소리와 함께 소박한 차림의 한 남자가 문을 열고 들어섰다. 자리에 앉아 있던 사람들이 그를 주목했다. 풀잎도 눈을 동그랗게 뜨고 아빠 곁으로 몸을 붙였다.

그는 다짜고짜 이렇게 물었다.

"삼나무 숲에 길을 내고 터널을 뚫는다는 게 사실입니까?"

현장감독이 그렇다고 하자 그는 낙담한 얼굴로 잠시 가만히 서 있었다. 그러곤 자기 이름을 이강산이라고 밝히고 찾아온 이유를 설명했다.

"저는 오래전부터 이 숲에서 자연을 돌보며 살고 있습니다만 지금처럼 자연이 병들고 아파한 적이 없습니다. 당장에 공사를 중단해야 합니다. 그래야만 자연을 회복시킬 수 있습니다."

사람들은 자신의 귀를 의심했다. 자연은 까마득한 옛날에 자취를 감춘 것으로 알고 있었기 때문이다. 마을 이장이 먼 옛일을 추억하듯 조용히 읊조렸다.

"최근 몇 십 년 동안 아무도 자연을 마주한 사람이 없어요. 여기 가까이 있다면 무척 반가운 일입니다."

"당연히 그렇죠. 그런데……."

이강산을 맞이하며 김환경이 다음 말을 고르는 사이, 군수가 안경을 고쳐 쓰며 먼저 입을 열었다.

"잠깐, 자연이 병들었다고 했습니까?"

이강산은 바로 대답을 쏟아 냈다.

"예. 저는 젊었을 적에 도시에서는 고치기 힘든 병을 얻었어요. 그래서 이 숲에 깃들게 되었습니다. 보다시피 저는 건강을 되찾았지만 지금은 자연이 한계에 와 있습니다. 만약 공사를 계속한다면 자연은 마지막 방법을 쓸 것입니다. 사람을 버릴지도 모릅니다."

이강산의 말은 놀라웠다. 김환경이 진지한 어조로 물음을 던졌다.

"그렇다면, 자연의 병은 얼마나 심각합니까?"

"온몸이 성한 곳이 없습니다. 여러분이 보면 아마 큰 충격을 받을 겁니다."

사람들의 얼굴이 일순 심각해졌다. 안 듣는 척하던 어린 풀잎도 이강산을 올려다보았다. 말을 멈추고 있던 이강산이 작심한 듯 이야기를 이어 나갔다.

"자연이 있는 곳은 사방에 나무밖에 보이지 않는 깊은 숲 속입니다만, 자연은 미세한 땅의 진동이나 작은 기계음도 다 감지합니다. 어디서 산을 깎고 나무를 베는지 몸과 마음으로 느낄 수 있어요. 특히 가까이서 그런 공사를 하면 자연은 경련을 일으키고 몸살을 앓아요. 상처도 생기고요. 자연은 지금 그런 상처들로 뒤덮여 있습니다."

 사람들의 표정이 얼어붙었다. 침묵을 지키는 사람들에게 이강산이 덧붙여 말했다.
 "몇 해 전 공원묘지를 만든다고 앞산의 한 귀퉁이를 잘라 내지 않았습니까? 나무가 하나둘씩 베어 나가더니 푸르렀던 산이 반 토막 난 채 벌건 흙이 드러났지요. 황토가 섞인 붉은 물이 곳곳에서 흘러내리고 흙 속의 돌이 파헤쳐지고……. 그런데 자연의 몸에서도 똑같은 현상이 일어났습니다. 차마 눈 뜨고 볼 수가 없었습니다. 그때 확실히 알게 되었어요. 이후 유사한 일이 몇 번 더 있었습니다."
 이야기를 듣는 사람들의 몸이 저절로 움츠러들었다. 이강산은 그때의 고통이 고스란히 되살아나는 듯 가슴을 쓸어내렸다. 마을 이장이 풀잎을 물끄러미 보며 한숨을 내쉬었다.

"나 어릴 때가 좋았어요. 온종일 자연에서 뒹굴며 살았죠. 자연에서 먹고 자고 놀고 일하고, 마을 전체가 자연이었어요. 사는 재미가 있었죠. 지금은 살아도 사는 재미가 하나도 없어요. 그저 시늉만 하는 거죠. 자연이 떠나서 그래요. 자연이 떠나니 사람들 마음도 삭막해지고 온통 돈에 미쳐서……."

군수가 말을 끊었다.

"자연이 병들었다면 치료를 받아야겠네요."

군수의 말을 김환경이 받았다.

"자연의 병은 사람들이 자연을 파헤치고 훼손해서 생기는 거 아닙니까? 그러니 여기 이강산 씨 말대로 병을 고치려면 자연에게 행하는 모든 공사를 중단해야 합니다."

군수가 타이르듯 말했다.

"모든 공사를 중단한다는 것은 정말 순진무구한 생각입니다. 어떻게 그럴 수 있지요?"

"꼭 필요한 일입니다."

이강산도 물러서지 않았다.

"우리 군만 해도 이런 현장에서 일하는 노동자들이 수백 명이 넘어요. 그들의 일자리를 빼앗는 꼴이니 신중해야 합니다."

군수의 말에 마을 이장이 혀를 쯧쯧 찼다.

"일자리요? 애써 망치는 일을 하면서 무슨 일자리 타령을 하는지……."

마을 이장의 넋두리가 잦아들자 현장감독이 "잠깐" 하더니 조심스레 이강산을 향해 입을 열었다.

"한 가지 물어봐도 될까요? 좀 전에 자연이 사람을 버릴지도 모른다고 하셨는데 그게 무슨 말씀이죠?"

이강산이 차분하게 대답했다.

"발가락이 썩어 갈 때 그걸 잘라 내지 않으면 다리 전체, 아니 몸 전체가 썩게 됩니다. 그처럼 자연도 자신의 생명을 지키기 위해 자신을 병들게 하는 사람을 포기할지 모른다는 겁니다. 자연은 우리 사람만을 특별히 사랑하진 않습니다."

마을 이장이 고개를 주억거렸다.

"당연히 그리할 것입니다. 사람들은 자연의 힘을 모른 채 자연을 이기려고만 하지요. 하지만 어떻게 사람이 자연을 이길 수 있겠어요? 모든 것을 하루아침에 뒤엎을 수 있는 게 자연입니다."

풀잎이 집에 가자며 김환경의 팔을 잡아 끌었다. 창문 밖으로 어둑한 기운이 스며드는 걸 보고 군수가 마무리했다.

"말씀을 듣고 보니 빨리 조치를 취해야겠군요. 주민들 의견도 있으니, 우선은 인근 공사를 중단하도록 공문을 내리겠습니다."

군수가 몸을 일으키자 김환경과 마을 이장도 자리에서 일어섰다. 이강산은 문을 나서는 군수에게 이곳뿐 아니라 전국의 모든 공사를 당분간만이라도 중단해야 한다고 힘주어 말했다. 군수는 입을 굳게 다문 채 돌아섰다. 현장감독은 혼란스런 얼굴로 사람들을 배웅했다.

휘몰아치는 강풍

그즈음 시민들은 역대 대통령들이 취임식 행사처럼 벌이는 초대형 공사가 자연 파괴와 빚더미를 남길 뿐이라는 것을 서서히 깨닫고 있었다. 지난 정부의 하천 개발 공사는 그중 최악이었다. 공사가 마무리되었다고 떠들었지만 강변을 점령한 굴삭기들은 떠날 줄을 몰랐다. 이외에도 천혜의 바다에 건립되는 군사기지 공사, 산의 정수리를 파헤치는 송전탑 공사, 재앙이 될 핵발전소 추가 건립 등, 진행 중인 대형 공사만 해도 열 손가락을 꼽을 정도였다. 이런 상황에서 자연이 온전하기를 바라는 것은 헛된 망상이었다.

이런 가운데 자연이 병들어 누워 있다는 사실이 퍼졌다. 더 이상 묵과할 수 없다고 판단한 시민들은 전국 곳곳에서 거대한 시위 물결을 일으켰다.

"공사 중단! 공사 중단! 병든 자연 살려 내라!"

도심의 광장이 시위대의 외침으로 메워졌다. 자연의 쾌유를 비는 미사와 기도회 등도 이어졌다. 쌀쌀한 날씨에도 아랑곳없이 사람들은 서로의 체온으로 몸을 녹이며 자리를 지켰다.

"공사 중단! 공사 중단! 병든 자연 살려 내라."

교수들과 종교단체의 시국선언, 각종 시국토론과 집회, 시위가 전국 곳곳에서 연이어 벌어지자 요지부동이던 정부가 보름 만에 입을 열었다. 전국의 모든 개발 사업을 전면적으로 재검토하고 겨울 동안만이라도 공사를 중단하겠다는 것이다. 동시에 시민들의 분노를 잠재우기 위해 어떻게든 자연을 회복시키겠다고 공언했다. 국회의원들도 시민들의 따가운 눈총을 견디다못해 임시국회를 열어 자연보호법을 새로 제정하겠다고 약속했다.

이런 변화를 일으킨 장본인은 이강산이었다. 오랫동안 번잡스러움을 피해 있었지만 자연의 상태를 온 사람들에게 알려야 한다는 김환경의 청을 거절하지 못하고 그의 집에 머물면서 숱한 사람들과 만남을 가졌다. 그중에는 정치인도 있었고 어린 학생들도 있었다. 자연에게서 따로 떨어져 있는 사람은 아무도 없기 때문이다.

이제 정부에게서 공사 중단이라는 답도 얻어 낸 만큼 이강산은 어서 숲으로 돌아가 자연을 돌보고 싶은 마음이 간절했다. 그러나 날씨가 문제였다. 사흘 전부터 휘몰아치는 강풍이 오늘은 진눈깨비로 바뀌어 심술을 부리고 있었다. 이강산이 창밖에서 눈을 떼지

앉고 있자 김환경의 딸 풀잎이 "아저씨!" 하며 말을 붙였다.

"아빠가 그러시는데요, 어머니 자연이 계속 아프면 봄이 안 올지도 모른대요."

아홉 살 풀잎은 자연을 꼭 어머니 자연이라고 불렀다.

"아, 어떡해요? 봄이 안 오면 꽃도 이파리도 못 나오잖아요."

"그렇지. 그러니까 자연을 얼른 낫게 해 드려야지."

풀잎이 걱정스레 물었다.

"어떻게 하면 되는데요?"

"아이들은 숲에서 뛰놀고, 어른들은 아무것도 안 하면 된단다."

이강산의 말에 풀잎이 환히 웃었다.

"아하, 그건 너무 쉽잖아요!"

"맞아, 그렇지? 어른들이 바보다. 쉬운 일을 힘들게 생각하니……."

이강산은 풀잎에게 미소를 짓고는 다시 창밖의 숲으로 눈을 돌렸다.

"이번 겨울이 우리 모두에게 고비가 될 거야. 어머니 자연을 푹 쉬게 해 드려야 하는데."

낯선 방문객들

 12월로 접어든 어느 이른 새벽, 이강산은 국토개발부의 국차관과 산악구조대 대원들을 이끌고 숲으로 들어섰다. 자연의 상태를 직접 눈으로 확인하기 위해 국토개발부에서 원정대를 꾸린 것이다. 원정대는 소란을 피할 셈으로 출발 일자를 비밀에 부쳤다.

 눈을 머금은 숲은 그 어느 때보다 더 고요했다. 머리에 흰 고깔을 쓰고 있는 산봉우리들이 자신의 품으로 기어드는 사람들을 지긋이 내려다보는 듯했다. 자연을 최초로 대면할 영광을 얻은 대원들은 무거운 배낭에 땀을 흘리면서도 가볍게 발을 뗐다. 발밑의 뽀드득 소리, 잔가지가 부러지는 소리, 숨이 차 헉헉대는 소리가 유난히 크게 들렸다.

 정오가 지나고 나서도 한참을 걸은 후에야 원정대는 자연이 몸을 숨긴 장소에 이르렀다. 부드러운 초록빛 이끼를 멋스럽게 두르고 근엄하게 앉아 있는 바위들, 하얀 잔설을 몸에 얹은 채 침묵을 지키는 증인들처럼 모른 척하고 있는 나무들, 햇빛을 받아 투명하게 반짝거리는 옹달샘 물, 변주곡처럼 날카로운 외침을 내지르고 숨어 버리는 산짐승들, 보초병이 경계를 하듯 푸드덕 날아왔다가 삽시간에 흩어지는 산새들이 낯선 방문객들을 맞아 주었다.

이강산이 레이스 커튼처럼 늘어진 거미줄을 걷고 안으로 들어서자 대원들도 숨을 죽이며 그를 뒤따랐다. 대원들의 눈에 풀과 나무와 옹달샘과 바위, 나뭇잎들이 뒤섞인, 어디서나 흔히 볼 수 있는 숲의 광경이 펼쳐졌다. 어디에도 자연이라는 생명체가 따로 있는 것 같지는 않았다. 그러나 이강산의 눈길을 말없이 좇으니 차츰 어떤 형체가 어렴풋이 비쳐 들었다. 대원들은 저도 모르게 '아, 아!' 하는 소리 없는 외침을 내질렀다.

자연은 너럭바위에 비스듬히 누운 채 꼼짝을 않고 있었다. 어디서부터가 자연의 몸이고 어디서부터가 바위와 나뭇잎이며 이끼인지 분간이 쉽지 않았다.

옹달샘의 투명한 물빛과 바위의 견고함, 나무껍질의 위엄, 너무 진한 초록, 너무 희고 투명한 살결, 너무 붉은 꽃술, 울긋불긋한 단풍의 화려함과 이끼의 보드라움, 이 모든 것이 어우러진 숲의 정원이 어느 한 몸에 고스란히 옮겨 온 듯했다.

그러나 자세히 들여다보면 자연의 몸은 이강산의 말대로 상처투성이였다. 온갖 종류의 부스럼과 멍, 피고름이 주름 골짜기를 따라 문신처럼 박혀 있었다. 칼로 베인 듯 깊이 파인 상처에는 채 마르지 못한 핏줄기가 줄줄 흐르고 있고, 문드러진 살에는 상처에 댄 거즈처럼 이끼가 덮여 있지만 고름이 배어 나오는 것을 막지는 못했다. 어떤 상처는 아물어 있고 어떤 상처는 지금 막 생긴 듯 벌건 핏물이 고여 있었다.

놀랍고 경이로운 것은 상처 사이사이에 아기 손톱 같은 연둣빛 새싹들이 움트고, 깨알같이 작은 색색의 꽃들이 무리 지어 있다는 것이다. 보는 이의 마음을 서늘하게 하는 천진한 아름다움이었다.

구조대원이 자연에게 다가가 의식이 있는지 살피려고 하자 이강산이 막아섰다.

"지금 자연은 가수면 상태입니다. 겨울로 접어들었으니까요. 괜한 일 하지 마십시오."

그 말에 국차관이 입을 열었다.

"아, 먼저 말씀을 드렸어야 했는데……."

이강산이 불편한 심기를 드러냈다.

"뭡니까? 무슨 일인데요?"

"다름이 아니라 정부에서는 무리가 있더라도 자연을 병원으로 옮겨 치료하자는 방침을 세웠습니다. 이 숲에서는 자연을 치료할 수 없으니까요."

"자연을 병원으로 옮긴다고요? 말도 안 돼요. 자연이 있어야 할 곳은 여기입니다."

"여기까지 안내해 주셔서 감사합니다만 정부 입장도 이해해 주십시오. 마음은 다 한가지입니다."

"제가 말씀드리고 싶은 건, 그것이 반자연적인 방법이라는 겁니다. 자연을 어떻게 반자연적으로 치료할 수 있겠습니까?"

국차관은 조용히 반박했다.

"반자연적이든 자연적이든 치료해야 합니다. 우리의 목적은 자연을 치료해서 건강하게 회복시키는 것 아닌가요? 그렇지 않습니까?"

이강산은 얼굴을 감싸며 괴로워했다. 국차관의 말이 이어졌다.

"죄송합니다. 전국의 모든 공사를 일시에 중단시킬 수도 없고, 그렇다고 자연을 방치할 수도 없고 해서 이런 방편을 썼습니다."

구조대원들은 짊어지고 온 배낭을 풀며 벌써 작업을 시작했다. 이것저것 장비를 잔뜩 꺼내더니 텐트를 조립하듯 구조용 침대를 만드는 것이다. 이강산은 가슴을 치며 울음을 삼켰다.

"내가 잘못했습니다. 당신들을 여기 데려오는 것이 아니었어요. 우리는 뼈아픈 대가를 치르게 될 것입니다. 자연을 이렇게 함부로 하다니……."

체념한 듯 이강산은 돌아섰다. 그러곤 너럭바위 뒤 조그만 오두막으로 걸어 들어가 문을 잠갔다. 감정을 누그러뜨리기 위해서는 혼자만의 시간이 필요했다.

환자가 된 자연

국차관은 기자회견에서 자연을 병원으로 무사히 옮겼으니 이제 걱정할 것 없다고 큰소리쳤지만, 정작 병원에서는 걱정이 이만저만이 아니었다. 환자 상태가 너무 위중해 도대체 어떻게 해 볼 도리가 없었기 때문이다. 상처를 닦으려고 소독 솜을 갖다 대면 실핏줄이 터지는 데다가, 곳곳이 찢기고 긁히고 멍들어 주삿바늘을 꽂을 데가 없었다. 그나마 성한 곳도 종잇장처럼 얇아 주삿바늘이 닿는 순간 구멍이 났다. 건드리면 건드리는 대로 탈이 나서 병원에서는 일단 기다려 보자는 쪽으로 의견을 모았다.

그러나 국차관은 몸이 달았다. 일주일이 지나도록 병원 측에서 별다른 방침을 세우지 않는 것을 두고 볼 수는 없었다. 급기야 면담을 요청했고 관련 의사들을 한자리에 모이게 했다. 이 자리에는 김환경도 배석했는데 자연에 관한 자문이 필요하다며 담당인턴이

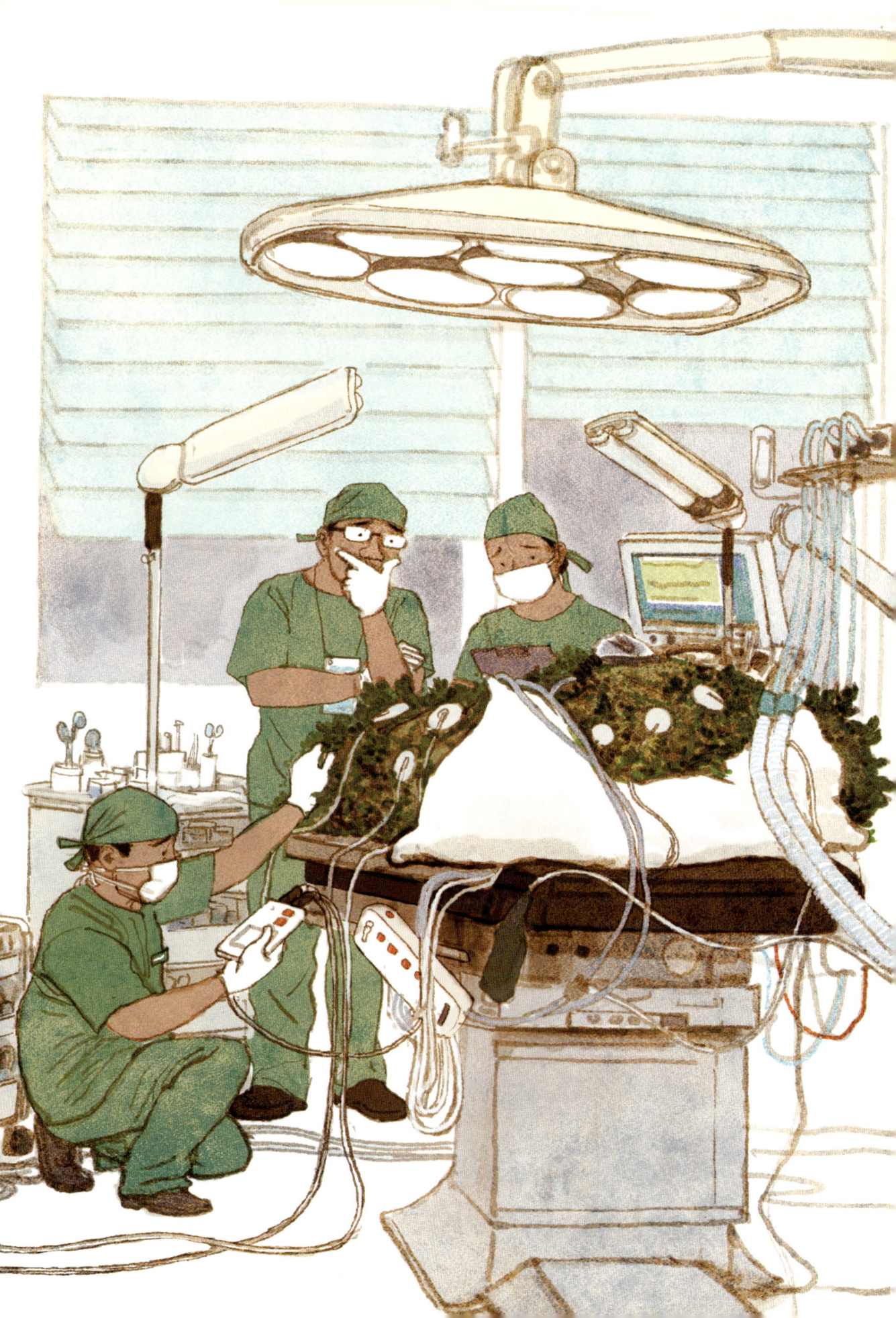

요구한 일이었다.

"아니 갖은 고생을 해서 환자를 병원에 데려왔는데 다들 이렇게 손을 놓고 있으면 어떡합니까?"

국차관이 언성을 높이자 담당인턴이 발끈했다.

"환자의 상태를 보고 말씀하셔야지요. 이 환자는 지금 절대 안정이 필요합니다."

"그럼 병원에 있는 이 장비들은 다 뭐하는 겁니까? 또 의사들은 뭐하는 사람입니까? 국민들이 지켜보고 있다고요."

"그러니 왜 이송할 때 진정제를 놓았습니까? 그러지만 않았어도 병원에서 뭔가 할 수 있었을 겁니다."

담당인턴의 말에 주치의가 눈을 치켜떴다.

"뭐라고요?"

주치의의 놀란 얼굴을 슬쩍 외면하며 국차관이 말했다.

"갑자기 깨어나 팔이라도 휘저으면 곤란하잖아요. 다 안전을 고려해서 그리한 것입니다."

주치의는 기가 찼다.

"허 참! 이렇게 쇠약한 환자에게 진정제를 놓다니……"

병원장은 분위기를 바꿀 겸 담당인턴에게 그간의 검사 결과와 지금의 상태를 말해 달라고 했다.

"혈압과 맥박은 정상보다는 좀 낮습니다. 하지만 휴면기임을 고

려하면 그리 염려스러운 정도는 아닙니다. 혈액검사에서는 짐작한 대로 중금속과 독소 물질이 다량 검출되었습니다. 다른 검사는 환자가 안정을 취하는 대로 하려고 합니다."

"피부의 상처는 아물고 있나요?"

김환경이 불편한 마음을 누르며 물었다.

"상처가 아물지 않는 것은 아닙니다만 기록할 수 없을 정도로 몹시 더딥니다. 반면에 새로운 상처들은 계속 생기고 있습니다."

"새로운 상처들이 있다고요? 혹시 어디서 몰래 공사하는 것은 아닐까요?"

국차관에게 눈길이 모아지자 그는 서류를 뒤적이며 말했다.

"서류상에는 전혀 없는 걸로 나오는데, 조사해 보겠습니다."

그러다 책상에 서류를 내동댕이치며 화를 냈다.

"그러니까, 제가 알고 싶은 것은 언제부터 다시 공사를 시작할 수 있냐는 겁니다. 벌써 한 달째 공사가 중단되었어요. 이런 일은 한 번도 없었던 일입니다. 투자자들에게 배상해야 할 액수가 눈덩이처럼 불어나고 있어요."

국차관의 공세에 병원장은 주치의를 몰아붙였다. 책임이 자신에게 쏠리지 않게 하기 위해서였다.

"왜 나에게 보고를 안 했죠? 나는 치료가 잘 진행되는 걸로 알고 있었는데요?"

묵묵히 듣고 있던 담당인턴이 입을 열었다.

"안 그래도 보고할 것이 있습니다."

병원장을 비롯해 모두의 시선이 담당인턴에게 향했다.

"몇 시간 전에 경주에서 지진이 나지 않았습니까?"

"그래서요?"

"지진이 나기 바로 전에 자연이 몸을 크게 뒤척였어요."

김환경이 재빠르게 물었다.

"그것이 지진과 상관이 있다는 말인가요?"

"뭔가 관련이 있어 보입니다. 지난 주말에 청주에 큰비가 퍼부었을 때도 그랬습니다."

담당인턴은 침착하게 자신의 견해를 말했다.

"그날 갑자기 자연이 눈물을 흘려 흠칫 하고 물러섰는데 십 분도 안 되어 비가 쏟아졌습니다. 청주에 계신 누이가 일러 주어 시간은 정확합니다. 도심 한복판이 물에 잠기고 버스가 둥둥 떠다니는 난리가 벌어졌지요."

사람들은 믿기지 않는다는 얼굴로 고개를 가로저었다. 김환경은 놀란 나머지 머리카락이 쭈뼛 섰다. 병원장이 호통을 쳤다.

"그럼, 환자가 그렇게 하도록 했다는 겁니까? 텔레파시라도 보내서요? 그게 의학을 공부했다는 사람이 할 소리입니까? 참, 한심합니다."

"또 있습니다. 처음 우리 병원에 왔던 날, 제가 밤새 지켜보았는데 자연이 반사작용처럼 기침을 두어 번 했어요. 그런데 같은 시간, 백록담 화산이 불을 뿜었습니다. 다행히 얼마 안 가 사그라졌지만 언제 다시 화산이 터질지는 아무도 모르죠. 자연이 언제 다시 기침을 할지 모르는 것처럼요."

백록담이 불을 뿜은 것은 세간의 큰 화제였다. 인명 피해는 면했지만 전혀 징후가 없었던 일이라 사람들은 크게 당황했다. 그때 이후로 한라산은 입산금지가 되었고 제주도에는 여행객이 끊겼다.

국차관이 단호하게 말했다.

"말도 안 되는 소리로 불안감을 조성하지 마세요."

그러나 불안감은 벌써 사람들에게 내려앉았다. 창밖의 짙붉은 노을빛과 대비되어 사람들의 얼굴빛은 더욱 어두워 보였다. 조용한 가운데 김환경이 입을 열었다.

"아메리카 대륙의 원시 부족은 비를 자연의 눈물로 여기고 땅을 자연의 몸으로 여깁니다. 그리고 지진은 자연이 몸을 뒤척이는 거라 믿고 있지요. 홍수든 지진이든 이런 일들은 예전에도 흔히 있었던 자연재해입니다만, 우리가 생각해야 할 것이 있어요. 자연이 병원에 입원하고부터 일주일 사이에 숨 쉴 틈 없이 일어났다는 점입니다. 특히 사화산으로 알고 있던 백록담이 폭발한 것은 자연의 엄중한 경고입니다."

국차관은 이맛살을 찌푸렸다. 자연의 엄중한 경고를 받아들일 생각이 없었기 때문이다. 오히려 김환경과 담당인턴에게 경고를 주고 싶은 마음이 굴뚝같았다. 이런 바보 같고 미신 같은 이야기를 들려주기 위해 일간지 기자들과 저녁 약속을 잡은 건 아니었다. 병원장도 마음이 뒤숭숭했다. 자연이 자기 병원에 입원했다고

가는 곳마다 떠들었는데 담당인턴에게 이 따위 말도 안 되는 소리를 듣다니……. 병원장이 입을 다물고 있자 주치의가 헛기침하며 말을 시작했다.

"으음, 우리 모두 환자가 안정을 취하도록 최대한 조심해야겠습니다. 담당의는 하나도 빠짐없이 기록하세요. 우연의 일치라면 정말 좋겠지만 그게 아니라면……. 그나저나 정부에 이 일을 알려야 하지는 않을까요?"

병원장이 언짢은 기색으로 답변했다.

"하루에도 몇 번씩 국토개발부 장관한테 전화가 옵니다. 좀 차

도가 있냐고요. 그런데 이런 일까지 말할 수는 없지요. 좀 더 살펴봅시다. 이 일은 아무에게도 발설하지 마세요."

국차관도 이렇게 덧붙였다.

"이제 국민들은 정부와 병원을 믿고 자연이 건강을 곧 회복할 거라고 기대합니다. 시위도 잦아들어 사회가 안정을 되찾는 중입니다. 정부도 노력하고 있어요. 마감 공사만 마치면 자연에게 새로운 상처가 더 생기지는 않을 겁니다. 공사를 하다 말고 그냥 철수할 수는 없으니 조금만 기다려 주세요. 여러분의 손에 나라의 안위가 달려 있습니다. 부디 국민들을 실망시키지 말고 치료에 전념해 주세요."

병원장과 국차관은 말을 마치고는 나란히 회의실을 나갔다. 나머지 사람들은 저마다의 생각에 잠긴 채 일어설 줄을 모르고 멍하니 앉아 있었다.

불길한 징후들

다음 날 국차관은 병원장에게 전화를 걸었고 병원장은 주치의를 불러 지시를 내렸다. 좀 더 적극적인 치료를 하라는 것이다. 국차관과 병원장은 모든 책임은 자신들이 질 테니 지시에 따르라고 했다. 주치의는 듣기만 했다.

그날부터 병원장의 지시에 따라 자연에게는 상처를 소독하고 주사를 통해 약물을 투여하는 치료가 시작되었다. 기침을 하면 기침을 막는 약, 혈압이 올라가면 혈압을 내리는 약을 쓰고 몸을 뒤척이면 팔다리를 묶었다. 급하면 진정제와 근육이완제를 처방했다. 이제 자연은 살아 숨 쉬는 생명체라기보다는 일종의 전시품이 되었다.

주치의와 담당인턴은 자연이 녹조 낀 웅덩이처럼 누르튀튀하게 변하는 것을 고통스럽게 지켜보았다. 몸 여기저기서 뭔가 썩는

듯 고약한 냄새를 풍기는 것도 전에 없던 일이었다. 처음 자연의 몸에서 보았던 자잘한 꽃들은 시들고, 파릇한 이끼는 누렇게 말라 부서졌다. 새로 움트는 것은 아무것도 없었다.

그럼에도 불구하고 자연은 무기력하지 않았다. 있는 힘을 다해 치료를 거부하는 환자 같았다. 몸을 움찔대고, 깊은 숨을 몰아쉬고, 고개를 휘저었다. 식은땀을 흘리고, 눈물도 쏟았다. 열이 갑작스레 치솟았다가 얼음장처럼 차가워지기도 했다. 알 수 없는 일들이 벌어질 때마다 병원은 초긴장 상태가 되었는데 문제는 그게 다가 아니었다. 병원 밖의 세상도 결코 조용하지 않았던 것이다.

12월 초부터 불기 시작한 눈폭풍은 보름 내내 전국 여기저기에 폭설을 떨어뜨렸다. 호남 지역은 한 시간 만에 도시 전체가 완전히 눈에 파묻히는 바람에 전기와 수도가 끊겨 동사자들이 속출했다. 폭설이 그치자 중국에서 검은 황사가 불어닥쳤다. 한 치 앞을 볼 수 없는 황사 때문에 차들이 서로 부딪치고 방송 헬리콥터가 고층 빌딩에 충돌했다. 학교가 문을 닫은 것은 물론이고 관공서까지 폐쇄되었다. 황사는 결국 200여 명이 탄 비행기를 차가운 서해 바다에 빠트리고 물러갔다.

영주댐의 물고기가 떼죽음을 당하고, 스키장이 있는 산 중턱이 무너진 것은 예견된 일인지도 모른다. 하지만 세종 신도시의 싱크홀은 공포 그 자체였다. 갑자기 생긴 싱크홀은 도로 한복판을 달리

던 자동차들을 물귀신처럼 끌고 들어갔다. 깊이가 족히 50미터는 더 되어 구조대원들은 끝내 차를 끌어올리지 못했다. 여름처럼 기온이 치솟다가 돌연 영하 30도가 넘는 추위가 몰아닥친 것도 예사로운 일은 아니었다.

멀쩡하던 유조선이 뒤집히고 돌풍이 휘몰아쳐 서해대교가 두 동강 났다. 해일이 부산의 아파트 한 동을 통째로 집어삼켰고, 영월에는 예고도 없이 야구공만 한 우박이 쏟아져 비닐하우스와 허술한 지붕에 구멍을 냈다. 우박이 지나간 자리는 탱크가 밟고 지나간 듯 처참하기 그지없었다.

이 중 가장 사람들을 두렵게 한 것은 백두산 천지에서 관측된 불길한 징후였다. 이 징후는 곧 현실로 드러나기 시작했다. 천지의 물이 부글부글 끓는가 싶더니 급기야 뜨거운 김이 치솟았다. 천지가 불을 내뿜으면 한반도는 그야말로 쑥대밭이 될 것이다. 화산은 지진을 몰고 오고 지진은 중국과 북한, 남한의 핵 시설물을 파괴할 것이 뻔하기 때문이다.

그런 중에 아토피가 아이들에게 유행병처럼 번졌다. 덥고 습하지도 않은 겨울에 아토피가 기승을 부렸는데, 어린 아기들이 유독 증세가 심한 것은 의사들도 이해할 수 없는 일이었다. 병원마다 부스럼과 종기로 뒤덮인 어린 환자들이 울고불고하는 통에 전쟁터가 따로 없었다. 피가 나도록 종기를 긁어 대는 아이, 가려움을 못

참아 바닥에 데굴데굴 구르는 아이, 긁지 못하게 팔을 잡고 있는 어른을 발로 차거나 입으로 물어뜯는 아이 등, 아비규환이었다.

"이게 세상 종말이다. 이게 지옥이다."

노인들이 가슴을 치고 땅을 치며 울부짖었다.

"자연을 거스르지 말고 살아야 하는데 사람들이 천벌을 받는 거다."

깨어나는 양심

국차관과 병원장은 그 이후로 병실에 한 번도 발걸음을 하지 않았다. 그들 두 사람은 방송에 자진 출연해 자연이 잘 회복되고 있다고 했다. 떠도는 말과는 달리, 자연재해는 병원에 누워 있는 자연과는 아무 상관이 없음을 강조했다. 병원장은 전문 의학용어를 들먹이면서 자신의 병원이 최신 장비를 갖추고 있음을 은근히 내비쳤다.

김환경은 울분이 가득했다. 항의도 하고 설득도 했지만 국차관과 병원장은 태도를 바꾸지 않았던 것이다. 무엇보다도 이 두 사람이 자연의 대리인인 양 행세하며 시민들에게 거짓말을 일삼는 것을 참을 수가 없었다. 얼른 이강산을 데려와야 했다. 이강산만이 사태를 바로잡을 수 있을 것이다. 풀잎의 팔에 부스럼이 돋는 것을 보고 김환경은 더욱 절박한 마음이 들었다.

풀잎은 오늘도 해가 안 나온다며 방바닥에 엎드려 열심히 해님을 그리고 있다. 김환경이 그림을 보며 풀잎에게 먹일 열무즙을 만들고 있는데 병원의 담당인턴에게서 전화가 왔다. 의료진들과 함께 곧 양심선언을 할 것이니 참석해 달라는 부탁이었다. '양심선언이라고?' 김환경은 가슴이 쿵쿵 뛰었다. 풀잎을 안고 김환경은 한달음에 달려갔다.

시내 한복판의 기자회견장은 이미 사람들로 발 디딜 틈 없이 초만원이었다. 기자들뿐 아니라 국회의원들과 일반인, 초대받은 주요 인사들의 얼굴이 보였다. 외신기자들도 카메라를 들이댔다. 마침내 담당인턴이 모인 사람들을 향해 입을 열었다.

"그동안 병원은 자연에게 무리한 치료를 강행했습니다. 저는 제 양심상, 그리고 의사로서 이런 처치를 계속할 수 없습니다. 병원에서 쫓겨나는 한이 있어도 더 이상은 못 하겠습니다."

담당인턴은 흰 벽면에 두 개의 사진을 띄웠다. 하나는 자연이 치료를 받기 전의 모습이고 또 하나는 현재의 모습이었다. 기자들은 카메라 플래시를 터트릴 생각도 못 한 채 망연자실했다. 처음으로 자연의 실제 모습이 공개되는 순간이었다. 감염이 우려된다며 정부와 병원에서 사진 촬영과 문병을 막았기 때문이다. 담당인턴이 그간의 처치와 자연의 상태를 낱낱이 밝히자 한 기자가 손을 들고 소리쳤다.

"그럼 병원장이 말한 명현반응은 무엇입니까?"

"현 병원장은 의사가 아닙니다. 그는 의료에 대해 아무것도 모릅니다. 그는 병원을 경영하는 기업인일 뿐입니다."

사람들 사이에서 탄식이 흘러나왔다. 지금껏 병원장의 말을 의사가 하는 말로 알아들었던 것이다.

"저희 병원 의료진들은 자연에게 강요된 처치를 더 이상 할 수

없다는 것, 그리고 하지 않겠다는 것을 말씀드립니다. 이 시각부터 모든 처치를 중단하겠습니다."

그의 말이 끝나자마자 자연이 누워 있는 병실이 화면에 비추어졌다. 사람들은 곧 의사와 간호사 들이 자연에게 주렁주렁 달린 장치들을 거두어들이는 것을 볼 수 있었다. 감격스러운 장면에 장내에서는 간간이 박수와 탄성이 터졌다.

"생명에 지장이 없을까요?"

누군가 떨리는 목소리로 질문했다. 담당인턴이 말했다.

"저는 자연이 죽지 않을 거라 믿습니다. 자연은 아시다시피 수많은 다른 생명체들의 합체입니다. 모든 생명체들에게는 살고자 하는 의지가 있으므로 지구에 마지막 하나의 생명이 사라질 때까지 자연은 살아 있을 것입니다. 사람들이 방해만 하지 않는다면 자연은 자연적으로 회생할 것입니다."

그때 또 다른 누군가가 큰 소리로 "사람들이 방해한 증거가 여기 있습니다." 하고 외쳤다. 둘러선 사람들이 길을 터 주자 한 남자가 앞으로 걸어 나왔다. 그는 다름 아닌 삼나무 숲 현장감독이었다. 그리고 놀랍게도 이강산이 함께 뒤따라 나오는 것이었다. 김환경과 풀잎은 반갑고 기쁜 마음에 소리를 지를 뻔했다.

현장감독은 자신을 소개한 뒤 준비해 온 영상을 화면에 띄웠다. 화면에는 여러 공사장에서 공사를 강행하는 장면이 날짜와 함께 비춰졌다.

"여기 보이는 곳은 금강 하천 개발 공사장입니다. 이건 마감공사가 아니라 공정대로 진행하는 공사입니다."

그는 경험 많은 현장감독으로서 어떤 것이 마감공사이고 어떤 것이 원안대로의 공사인지를 알기 쉽게 설명했다.

사람들의 얼굴에는 분노와 배신감이 들끓었다. 마감공사 외에

다른 공사는 일체 중단했다는 정부의 말은 거짓이었음이 드러났다. 현장감독이 비장한 표정으로 사람들을 둘러보았다.

"저 역시 양심선언을 합니다. 며칠 전까지만 해도 타성에 젖어 공사를 계속했습니다. 자연에게 죄송합니다. 자연에게 용서를 구합니다. 저는 앞으로 자연에게 해를 끼치는 공사는 절대 하지 않을 것을 여러분 앞에 밝힙니다. 여기 공사장 인부들의 서명이 있습니다. 모두 저와 한마음입니다."

김환경은 담당인턴에게 말없이 눈짓을 했다. 그러자 마음을 굳힌 듯 담당인턴은 마이크를 잡았다.

"한 가지 더 말씀드릴 게 있습니다. 그동안의 잇따른 사고와 자연재해는 자연과 연관이 있습니다. 제가 관찰한 바에 의하면……."

그러곤 화면을 가리키며 하나하나 설명을 시작했다. 충격과 근심과 안타까움과 절망이 사람들의 얼굴에 내려앉았다. 설명을 마치자 이강산이 마이크를 넘겨받았다.

"우리는 여전히 자연이 사람들에게 아낌없이 모든 것을 준다고 생각하는 것 같습니다. 하지만 자연은 아낌없이 주는 나무가 아닙니다. 어찌 보면 사람들이 자신에게 행한 것을 그대로 돌려주는 나무입니다. 최근 일어난 사고들은 당연한 반응입니다. 자연이 온몸으로 하는 말을 우리는 외면하면 안 됩니다."

화면에 비쳐진 자연의 몸이 크게 확대되었다. 얼핏 보면, 아니

모르고 보는 사람이라면 오물이 잔뜩 괴어 있는 흙덩어리라고 여길 만큼 자연은 형편없이 상한 몸이었다. 김환경이 소리를 높였다. 그의 목소리는 격정에 차 있었다.

"누가 이렇게 자연을 만들었습니까? 사람에게 자연을 죽일 권리가 있습니까? 자연이 죽으면 사람은 살아남을 수 있을까요? 새싹이 더 이상 움트지 않고 꽃이 더 이상 봉오리를 열지 않고 나무가 새잎을 내지 않는데 과연 사람이 살 수 있을까요? 도대체 얼마나 더 많은 끔찍한 일들이 일어나야 공사를 멈출 것입니까? 얼마나 더 많은 사람들이 희생되어야 자연의 살과 뼈를 도려내는 행위를 멈출 것입니까?"

옆에 있던 풀잎이 흐느껴 울었다.

"어머니 자연을 죽게 하면 안 돼요! 어머니 자연이 죽으면 들판도 없고 나무도 새소리도 없고 개울도 없고……. 어머니 자연이 보고 싶을 거예요. 너무너무 보고 싶을 거예요."

사람들은 하나같이 눈가가 축축해졌다. 김환경은 사람들에게 풀잎이 들고 있는 해님 그림을 가리키며 해가 안 나오는 날, 이렇게 해님을 그려 식물 옆에 붙여 준다고 소개했다.

"이 커다란 해님 그림은 자연에게 갖다 주라고 그린 것입니다. 저는 풀잎에게 그렇게 해 봤자 소용이 없다고, 그래도 바뀌는 것은 없다고 말할 수 없습니다. 제 마음속에 절망과 무기력이 가득 차 있

다 해도 저를 믿고 이 세상에 온 아이에게는 희망이 있음을 알려 주고 싶습니다."

그의 말이 끝남과 동시에 사람들이 모두 일어섰다. 그러곤 박수갈채를 햇살처럼 쏟아 냈다. 기자회견장뿐 아니라 거리에서, 상점에서, 버스 터미널에서, 각 가정에서, 여러 공공장소에서 텔레비전으로 생중계를 보고 있던 사람들도 진심 어린 박수를 보냈다. 김환경은 풀잎의 그림을 하늘 높이 쳐들었다.

"여러분! 이 그림과 함께 우리, 자연이 자연으로 있을 수 있도록 힘을 모읍시다. 그것이 우리가 사는 길이고 자연이 사는 길입니다."

어머니 자연을 위하여

힘을 모으는 일은 다음 날부터 바로 시작되었다. 아이들이 자연에게 줄 선물을 들고 구름 떼처럼 병원에 몰려온 것이다.

"제 그림도 자연에게 보여 주세요."

"제가 기르던 꽃을 가져왔어요. 향기가 아주 좋아요."

새장째 새를 가져온 한 아이는 이렇게 말했다.

"우리 카나리아는 노래를 잘해요. 노래를 들으면 힘이 날 거예요."

일약 스타가 된 담당인턴은 여기저기서 소개팅을 해 주겠다는 전화 때문에 곤혹을 치렀는데 급기야는 이모라는 명목으로 아이와 함께 병원을 방문하는 여성들도 있었다.

삭막하기만 한 병실에 꽃이며 화분, 어항, 미니 분수에다가 카나리아 새장까지 들여놓자 초록의 정원이 새로 탄생한 듯했다. 진한

소독약 냄새 대신 병실은 그윽한 꽃향기와 싱그러운 풀내음으로 가득했다. 어항 속 금붕어의 자유로운 몸놀림과 새장 안 카나리아의 고운 노래가 묵직하게 고인 공기를 흔들어 주었다.

간호사들은 유리창 곳곳에 해님 그림을 붙이고, 자연에게 편지와 카드를 읽어 주느라 그 어느 때보다도 바빴다. 인터넷에 올릴 사진을 찍으러 병실에 들어온 담당인턴은 문득 여기가 어디지 하는 착각이 들었다. 자연은 비록 고운 모습은 아니지만 숲의 정원에서 나른한 잠에 빠져 있는 듯 편안해 보였다.

자연요법이 중증환자에게 크나큰 심적 안정을 준다는 것을 확인한 주치의는 흥분했다. 이를 다른 환자들에게 적용해 보면 어떨까 하고 진지한 고민을 시작했다. 갑작스레 해외 출장을 떠난 병원장은 그 이후로 소식이 끊겨 방해받을 일도 없었다.

한편, 김환경은 환경단체와 시민단체, 녹색당 소속의 정치인들과 연대하여 '자연사랑 운동본부'를 만들었다. 운동본부는 명칭에 걸맞게 시민들을 광장으로 불러내는 대신에 차분하면서도 구체적인 자연사랑 실천에 주안점을 두고자 했다. '몸소, 자기가 있는 곳에서, 자기가 할 수 있는 만큼 사랑을 실천하자'는 것이 모토였다.

얼마 안 되어 동네와 거리의 풍경이 바뀌기 시작했다. 골목골목을 돌아다니며 쓰레기를 줍고, 마른 나뭇가지나 덤불을 치우는 손들이 보였다. 아이들은 동네 주변의 개울이나 하천을 돌아다니며 물이 맑은지, 오리들이 잘 노는지를 살폈다. 반상회와 마을 회관에서는 활기찬 토론이 일어나고 그만큼 사람들의 표정도 살아났다.

토론과 함께 실내에 화초 키우기, 봄에 뿌릴 꽃씨들 소개, 음식 쓰레기로 퇴비 만들기, 옥상에 자연쉼터 만들기, 공원의 나무 입양하기, 나무와 식물 이름 알기, 야생동물 먹이 주기, 철새 도래지 탐방 등의 활동이 줄줄이 이어졌다.

양심선언을 한 건설노동자들이 전국 곳곳의 숲과 들, 강변에서 벌어지던 공사가 완전히 중지되었음을 알려 왔다. 늘어놓은 집기를 치우고 주변을 정리하는, 그야말로 마감일을 하는 동영상들이 인터넷과 트위터, 페이스북으로 속속들이 올라와 사람들을 안심시켰다.

뒤를 이어 산업체에서도 양심선언이 시작되었다. 전자부품 공장이나 생수 공장, 자동차 공장이나 반도체, 가구 공장, 정유소, 의류 공장 등 어느 분야도 자연에 대해 책임이 없는 곳은 없었다. 사무실에서, 작업장에서, 공장에서 사람들은 외쳤다.

"이제부터는 양심에 어긋나는 자연 훼손 행위를 절대로 하지 않겠습니다."

"자연이 얼른 회복될 수 있도록 힘을 다하겠습니다."

"우리는 회사를 버릴 수는 있어도 자연을 버릴 수는 없습니다. 자연은 우리에게 하나뿐인 어머니이기 때문입니다."

실핏줄처럼 작은 물길들이 모인 자연사랑은 이제 도도히 흐르는 거대한 물결이 되었다. 이 물결을 막을 수 있는 것은 아무것도 없었다. 그간 한 발짝 물러나 있던 정부와 대기업들도 결국 태도를 바꾸었다. 정부는 그간의 무모한 병원 치료와 공사 강행을 지시한 것에 대해 공식 사과를 하고 국토개발부를 없앴다. 자연 훼손을 아무렇지도 않게 자행해 온 대기업은 그간의 과오를 배상하고 앞으로는 환경운동에 적극 나설 것임을 밝혔다.

입춘이 얼마 남지 않았다. 그토록 끔찍했던 자연재해가 가라앉고 아이들의 아토피 증세가 씻은 듯 사라진 것에 안도하며 사람들은 겨울의 끝자락을 보내고 있었다.

인터뷰 : 자연사랑 운동본부

　입춘 아침, 김환경 본부장은 '자연사랑'이란 이름의 권고안을 정부와 국회에 보내고 이를 관철하기 위한 서명운동에 돌입했다. 권고안은 자연사랑과 생명권을 헌법에 포함시키자는 것이 중심 내용이었다. 이와 함께 자연을 자연으로 돌려보내는 것, 자연을 해칠 수 있는 개발공사를 중단한다는 내용도 있었다.

　서명운동이 천만 명을 돌파할 즈음, 한 방송국의 9시 뉴스 깜짝 인터뷰 시간에 이강산과 김환경이 초대되었다. 뉴스 앵커가 반갑게 그들을 맞이했다.

　뉴스 앵커 : 자연사랑의 물결이 정말 대단합니다. 참, 시청자들께 두 분 소개를 먼저 해야겠네요. 여기 모신 두 분은 자연사랑의 물결을 끌어낸 장본인들입니다. 삼나무 숲의 이강산 씨와 김환경 자연사랑 본부장님입니다. 두 분, 안녕하십니까? 우선 시민들이 가장

궁금해하는 것을 짚고 넘어가겠습니다. 과연 자연의 병세가 많이 나아졌는지, 공사 중단과 강압적인 병원 치료 중단이 효과가 있었는지인데요. 어떻습니까, 이강산 씨?

이강산 : 물론 효과가 있었습니다. 그렇지 않다면 우리는 지금 이렇게 편안히 앉아 있기도 힘들 것입니다. 공사 중단과 치료 중단 덕분이기도 하지만 시민들의 자연사랑도 큰 힘이 되고 있습니다. 자연은 이 모든 것 덕분에 안정을 되찾아 가고 있습니다.

뉴스 앵커 : 양심선언 때 자연의 모습을 보고 저도 충격을 받았습

니다. 상처는 잘 아물고 있나요?

    김환경 : 진물이나 고름이 멎으면서 피부가 튼튼해지고 있어요. 새로 생기는 게 없으니 이제 큰 걱정은 안 해도 될 것 같습니다. 그러나 그동안 강제로 투여된 약물과 진정제가 다 여과되려면 시간이 걸릴 것입니다.

    뉴스 앵커 : 아, 알겠습니다. 어르신들은 이게 다 아이들 덕분이라고도 하는데, 그 아이들 중에 김환경 본부장님의 따님도 있죠? 이름이 김풀잎 맞죠?

김환경 : 예예. 제 아이도 그렇지만 저는 사실 그렇게 많은 아이들이 바로 행동에 나서는 것을 보고 큰 감동을 받았습니다. 다시 한 번 "그래! 살아 봐야겠다!"는 다짐을 했죠. 아이들이 행동에 나서는데 어른들이 어떻게 미적거릴 수 있겠습니까? 아마 많은 부모들이 저와 같은 다짐으로 운동본부에 참여하시는 거라 생각됩니다.

뉴스 앵커 : 김환경 본부장님은 평소에 '한 채의 아파트도 짓지 말고 한 그루의 나무도 베지 말자.'고 주장하시는데 집 없는 사람들을 대신해서 묻자면, 집 없는 사람들은 앞으로도 계속 집 없이 살라는 말씀인가요?

김환경 : 문제의 본질은 집이 아니라 집값과 전셋값이 너무 비싸다는 것입니다. 아파트를 짓는다고 해서 집 없는 사람들이 그 집에 들어가 살 수 있는 것은 아닙니다.

뉴스 앵커 : 그럼 나무는요? 나무를 베어야 한다면 어떻게 하죠?

이강산 : 나무를 다른 곳으로 옮겨 심으면 됩니다. 나무 한 그루를 키우는 데 몇 십 년이 걸리잖아요.

뉴스 앵커 : 그렇군요. 이번에는 트위터에 올라온 질문을 볼게요. "공사를 전부 중단하면 공사장에서 일하던 사람은 무얼 먹고 살라는 말입니까?" 이에 대해 어떻게 답변하실 건가요?

김환경 : 요즘 공사장에서는 인부보다는 장비를 더 많이 씁니다. 실제로 인부들이 별로 없어요. 그런데 농사일이나 숲을 돌보는 일

은 장비보다는 사람 손이 필요합니다. 우리나라는 구릉진 곳이 많아 미국처럼 기계로 농사를 지을 수 없거든요. 지금 농촌에는 버려진 논밭이 수두룩해요. 공사장이 문을 닫으면 인부들은 농촌으로 내려가 흙을 갈고 밭을 살려 유기농 작물을 키우면 얼마나 좋을까 생각합니다.

뉴스 앵커 : 아, 그러고 보니 귀농이 많이 늘었다던데요?

김환경 : 후후. 맞아요. 고향에 일가친척이 있거나 선산이 있는 사람들이 먼저 움직였는데 덕분에 골목이 살아나고 장터가 왁자지껄해졌다고 합니다. 묵은 땅도 일구고 집 수리도 하고 축대도 쌓고…… 할 일이 정말 많을 거예요.

이강산 : 대부분의 선진국들처럼 우리도 농업과 제조업에 힘을 쏟아야 합니다. 일자리를 만든다고 자연을 훼손하는 개발행위를 계속하는 건 자기 무덤을 파는 꼴입니다.

뉴스 앵커 : 다음은 일반 사람들에게 좀 생소한 개념인데요, 자연사랑과 생명권이 구체적으로 무엇인지 설명 부탁드립니다. 정부에 보낸 권고안의 중심 내용이지요?

이강산 : 자연사랑은 말 그대로 자연을 사랑한다는 뜻입니다. 생명권은 자연에 깃든 모든 생명을 존중하자는 것인데 사람의 생명뿐 아니라 지구의 식물과 동물을 모두 포함합니다. 이를 인정한다면 두꺼비 산란터에 아파트 단지를 조성하거나 고라니가 물을 마

시러 다니는 길목에 터널을 뚫는 등의 일은 못 하게 됩니다. 우리 운동본부는 산, 강, 바다를 지키기 위해 이 두 개념을 헌법에 포함시키고자 합니다. 그렇게 하지 않으면 암이 재발하는 것처럼 사람들의 욕망도 다시 일어날 것입니다.

뉴스 앵커 : 항암치료를 하자는 말씀이지요? 자체적으로.

김환경, 이강산 : 하하, 그렇습니다.

뉴스 앵커 : 트위터의 다음 질문을 보겠습니다. "아이들을 숲에서 뛰놀게 하자는 내용도 있던데 이게 그렇게 중요한가요?"라고 했는데 이강산 씨, 어떻게 답변하시겠습니까?

이강산 : 숲과 자연은 사람들에게 어머니와 같습니다. 어릴 적에는 다들 어머니 품에서 크지 않습니까? 아기에게 어머니를 박탈하는 것은 차마 못할 짓입니다. 그만큼 어머니의 빈자리는 메울 수 없는 구멍이 됩니다. 힘들고 지칠 때마다 사람들이 자연을 찾는 것도 이 때문입니다. 다시 한 번 말하지만 아이들은 자연의 품에서 커야 합니다. 자연의 품에서 큰 아이들은 무엇보다 마음이 건강합니다. 정신적 면역력이 키워지거든요. 한 해에 우울증, 정신질환, 스트레스로 인한 질병 치료에 얼마나 많은 돈이 쓰이는지 아세요? 헛되이 돈을 지출하지 않아도 되니 국가 경제 면에서도 큰 이득입니다.

뉴스 앵커 : 며칠 전 텔레비전에서 외국의 에너지 제로, 쓰레기 제로 마을을 소개했는데 정말 부럽더군요.

김환경 : 그런 마을을 우리도 가질 수 있어요. 자연을 해치면서가 아닌, 자연을 위해 주면서 더 살맛 나는 세상을 만들 수 있습니다.

뉴스 앵커 : 얘기만으로도 벌써 훈훈한데요. 마지막으로 시청자 여러분께 드리고 싶은 말씀은? 이강산 씨부터 부탁드립니다.

이강산 : 정부가 지금까지 개발에 들인 예산을 숲 가꾸기, 대체 에너지 개발, 쓰레기 자원화 사업에 쓴다면 우리 삶의 질은 분명히 달라질 것입니다. 시민들께서는 좀 시시하게, 좀 소박하게 사는 즐거움을 깨닫기 바랍니다. 그동안 우리는 과잉 혹은 결핍의 삶을 살았습니다. 과잉과 결핍이 아닌 딱 필요한 만큼만 지니면 이웃도 나도 모두가 편안할 것입니다.

김환경 : 아직도 국회와 정부는 우리 본부의 권고안을 모른 척하고 있습니다. 만약 이번 주까지 통과시키지 않는다면 시민들은 그들에게 위임한 권력을 다시 돌려받고자 할 것입니다. 거듭 말씀드리지만 자연은 정부의 것도 아니고 사람의 것도 아닙니다. 우리 운동본부는 자연이 자연으로 있을 수 있도록 힘쓸 것입니다.

뉴스 앵커 : 네. 두 분 감사했습니다.

자연이 있어야 할 곳

드디어 남쪽 지방에서 반가운 소식이 전해졌다. 질경이와 냉이, 달래가 언 땅을 뚫고 새순을 내밀었다는 소식이었다. 신문 1면에 산수유 꽃 몽우리가 가지 끝에 다닥다닥 매달린 사진이 커다랗게 올라왔다. 바람은 한결 순해졌고 잿빛 하늘도 본래의 색을 되찾았다. 그러나 누구도 아직 봄이 왔다고 말하는 사람은 없었다. 자연이 아직 깨어나지 않았기 때문이다.

서울광장에서 삼일절을 맞아 자연사랑 운동본부가 주최하는 봄맞이 새싹시장 행사가 열렸다. 정원용품이나 화분, 화초들, 손수 만든 퇴비나 비료, 꽃씨와 채소 씨앗, 묘목을 사고파는 장이었다. 한쪽에서는 화초 기르는 법이나 분갈이 하는 법을 알려 주는 사람도 있고 농사 기술을 전파하는 사람도 있었다.

"비가 올 때는 이 그림을 창에 붙여 놓으세요. 단돈 500원입니다."

활기찬 장터 풍경 속에는 해님 그림을 그려 파는 아이들도 있어 웃음을 자아냈다.

점심때가 좀 지났을 무렵, 고음의 확성기 소리가 사람들의 귀를 잡아끌었다.

"잠깐만 주목해 주세요. 김환경 본부장이 여러분께 알릴 소식이 있다고 합니다."

사람들의 눈길이 모여들자 김환경이 풀잎을 데리고 단상에 올랐다.

"이번 겨울은 여느 때와는 달리 몹시 춥고 길어 고통스러웠습니다. 지금 이렇게 따사로운 볕을 쬐고 있는 게 꿈인지 생시인지 모르겠습니다."

인사말을 마친 김환경은 진지하면서도 맑은 얼굴로 다시 사람들을 바라보았다.

"저는 중대한 소식을 여러분께 말씀드리려는 참입니다. 하나는 오늘 아침 일찍 자연이 무사히 자연으로 돌아갔다는 것입니다."

김환경의 말에 사람들은 안도의 박수를 쳤다.

"그러나 자연이 다 회복된 것은 아니니 만큼 우리의 자연사랑은 앞으로도 영원히 계속되어야 합니다."

김환경의 말에 사람들이 "자연사랑" "자연사랑" 하고 구호를 외쳐 댔다. 김환경은 다시 우렁차게 목소리를 냈다.

"두 번째 소식입니다. 바로 몇 분 전, 우리의 권고안이 담긴 새로운 자연보호법이 국회에서 통과되었습니다."

김환경은 말을 마치는 동시에 오른쪽 팔을 높이 들어 함성을 내질렀다. 사람들 역시 발을 동동 구르고 얼싸안으며 기쁨을 나누었다.

"우리는 해냈습니다. 이제 우리 아이들은 자연 속에서 자연과 함께 뒹굴며 살게 될 것입니다. 우리가 남겨 줄 수 있는 최고의 유산입니다."

그 무렵, 이강산은 감회에 젖어 숲을 돌아보고 있었다. 병원에서 모시고 온 자연을 너럭바위에 눕히고는 숨을 돌리는 참이었다. 숲은 여전히 고즈넉했다. 그러나 가만 보면 앙상하고 메마른 나뭇가지에는 연둣빛 물빛이 배어 있고 흙에는 온기가 돌고 대기는 더없이 부드러웠다. 이강산은 썩은 낙엽을 들추기도 하고 살짝 얼어 있는 개울을 건드려 보기도 했다. 풀잎이 따라왔다면 "일어나, 이제 깨어날 시간이야." 하고 폴짝거리며 뛰어다녔을 것이다.

빽빽한 나뭇가지 사이로 오후의 햇살이 파고들었다. 늦잠을 자다가 헐레벌떡 일을 시작하는 아이처럼 눈부신 햇살이 숲의 빈틈을 구석구석 내리쬐었다. 산새들이 삐리삐리 소리를 내지르며 날갯짓을 했다. 이강산은 산새들을 눈으로 뒤쫓다가 불현듯 등 뒤로 어떤 기운을 느끼곤 돌아섰다. 이강산은 조용히 어떤 순간을 기다렸다. 새들도 바람도 날갯짓을 멈추고 함께 기다리는 듯했다.

마침내, 그 순간이 되었다. 자연이 살포시 눈을 뜬 것이다.

폭죽처럼 나무의 잎망울과 꽃망울이 타다다닥 소리를 내며 터졌다. 옹달샘에 물이 샘솟더니 개울로 흘러 넘쳤다. 개울물이 돌을 적시자 계곡이 콸콸거리며 물을 쏟아냈다. 이강산은 어머니 자연에 고개 숙였다.

"고맙습니다. 봄을 열어 주셔서 고맙습니다."

채인선 | 충주의 한적한 시골에서 책 읽기와 농사짓기를 하며 살고 있습니다. 또한, 일요일마다 자택에서 다락방도서관을 열어 전국의 독자와 만나 함께 웃고 떠들며 지냅니다. 주요 작품으로 《내 짝꿍 최영대》《손 큰 할머니의 만두 만들기》《아름다운 가치사전》《나는 나의 주인》《아빠 고르기》 등이 있습니다. 블로그 '채인선의 이야기 정원' http://blog.naver.com/arrige_8649

김동성 | 홍익대학교 미술대학에서 동양화를 공부했습니다. 그림책《엄마 마중》으로 2004년 백상출판문화상을 수상하기도 했습니다. 주요 작품으로는《메아리》《삼촌과 함께 자전거 여행》《비나리 달이네 집》《나이팅게일》《안내견 탄실이》《하늘길》《날지 못하는 반딧불이》 등 다수가 있습니다. 현재는 그림책, 광고, 카툰, 애니메이션 등 다양한 분야에서 왕성하게 활동하고 있습니다.

자연이 자연으로 있기 위해

초판 1쇄 펴냄 2018년 4월 25일
3쇄 펴냄 2020년 11월 13일

지은이 채인선
그린이 김동성
펴낸이 고영은 박미숙

펴낸곳 뜨인돌출판(주) | 출판등록 1994.10.11.(제406-251002011000185호)
주소 10881 경기도 파주시 회동길 337-9
홈페이지 www.ddstone.com | 블로그 blog.naver.com/ddstone1994
페이스북 www.facebook.com/ddstone1994
대표전화 02-337-5252 | 팩스 031-947-5868

ⓒ 2018 채인선, 김동성

ISBN 978-89-5807-681-0 77810
ISBN 978-89-5807-634-6(세트)

이 도서의 국립중앙도서관 출판예정도서목록(CIP)은 서지정보유통지원시스템 홈페이지(http://seoji.nl.go.kr)와 국가자료종합목록 구축시스템(http://kolis-net.nl.go.kr)에서 이용하실 수 있습니다. (CIP제어번호 : CIP2018008738)

어린이제품안전특별법에 의한 제품표시
제조자명 뜨인돌어린이 **제조국명** 대한민국 **사용연령** 만 8세 이상